Nordkap und Lofoten
oder Notizen unterwegs

Reihe Notizen unterwegs
Band 4

Danka Todorova

Impressum
© **Danka Todorova 2019**
Alle Rechte vorbehalten

Kein Teil dieses Werkes darf ohne schriftliche
Genehmigung der Autorin reproduziert
oder vervielfältigt werden.

Lektorat: Ulrike Mülhaupt
Covergestaltung & Layout: www.buchstabenpuzzle.de
Bildmaterial: Danka Todorova
Kontakt: www.autorinschreibt.blogspot.de

Bibliografische Information der Deutschen Nationalbibliothek:
Die Deutsche Nationalbibliothek verzeichnet diese Publikation in der
Deutschen Nationalbibliografie; detaillierte bibliografische Daten sind
im Internet über http://dnb.dnb.de abrufbar.

Herstellung und Verlag: BoD – Books on Demand, Norderstedt

ISBN: 978-3-7412-2237-5

Nordkap und Lofoten
oder Notizen unterwegs

Reihe Notizen unterwegs
Band 4

Danka Todorova

Über dieses Buch

Der vorliegende Reisebericht entführt den Leser in die Welt der Reisenden nach Skandinavien und lässt ihn an ihren Erlebnissen teilhaben, immer auf der Suche nach neuen Erfahrungen und dem Glück.
Das Buch ist Band 4 der Reihe *Notizen unterwegs*. Weitere Titel der Reihe:
- Band 1 – Sri Lanka
- Band 2 – Sizilien
- Band 3 – Kroatien

Die Autorin

Danka Todorova ist in Bulgarien geboren. Sie ist Autorin des Romans »Tor zur Liebe«, von Gedichten, wissenschaftlichen Büchern und des Bilderbuchs »Der kleine Dino Doni und seine Freunde«, die auch in Bulgarien veröffentlicht wurden. Sie lebt in Karlsruhe.

INHALT

1. Die Vision 7
2. Der Anfang 10
3. Hygge 12
4. Schweden 15
5. Mittendrin 19
6. Neue Liebe 23
7. Nordkap 36
8. East of the Sun 42
9. Hurtigruten 48
10. Vesterålen und Lofoten 53
11. Die Brücke 64
Über die Autorin 70
Weitere Bücher der Autorin 71

1. DIE VISION

Wir sitzen im Café im ersten Stock eines Gebäudes an einer Straßenbahnhaltestelle im Zentrum von Karlsruhe. Die Wintersonne wärmt die eiligen Passanten, die an diesem Samstag in der Innenstadt unterwegs sind.

»Was ist diesmal besonders?«, möchte meine Freundin wissen und bringt mich damit in Verlegenheit. Es geht um meine Skandinavienreise. Wie soll ich ihr meine Vision anvertrauen, wenn ich weiß, dass sie zwar aufmerksam zuhören, aber nicht daran glauben wird.

Ich zögere kurz und verpacke meine Vision spontan in einer kleinen Geschichte. Diese Art von Erzählungen mag jeder.

»Es gab einmal einen Wikinger, der eine Geliebte hatte. Er suchte nicht nach ihr, aber sein Herz wusste, dass sie irgendwo auf der Welt lebt und auf ihn wartet. Als sie plötzlich vor ihm stand, schien es so, als sei sie aus einer anderen Zeit, aus der Zukunft, zu ihm gekommen.«

Ich mache eine kurze Pause. Ein Blick auf meine liebe Freundin überzeugt mich, dass ich ihre volle Aufmerksamkeit habe, und ich erzähle weiter.

»Wo bist du die ganze Zeit gewesen?«, fragte der starke Wikinger, »ich habe auf dich gewartet«. Die Frau ist verwirrt, betrachtet ihn und seine altertümliche Kleidung und sagt:

»Du bist nicht real. Du kommst aus der Wikingerzeit.«

Der Hauch eines Lächelns erscheint wie ein kleines Nordlicht auf seinem Gesicht – »schau mal hinter mir!«

In diesem Moment sieht die Frau eine weitere männliche Gestalt, die sich hinter ihm verbirgt und sie geheimnisvoll anblickt.

»Das bin ich. Jetzt. Du musst mir nur begegnen«, waren seine letzten Worte.

Danach herrschte Stille.

Der Zeitreisende war verschwunden.

»Das klingt sehr interessant«, sagt meine Freundin. Ihre Neugier ist geweckt und ich weiß, dass sie meine Art, das

Ungewöhnliche in uns und um uns herum zu präsentieren, sehr schätzt.

»Wikinger sind ein großes Thema für mich, das weißt du. Meine Mentorin sagt, dass wir in jene Länder reisen, in denen wir schon einmal gewesen sind. Oder dorthin, wo wir in der Vergangenheit schon einmal gelebt haben. Außerdem ...«, ich gebe meiner Freundin Zeit zum Nachdenken, »habe ich in einem Film gesehen, wie eine junge Frau im Krankenhaus in einem Buch blätterte, in dem es um Reisen ging, die jeder Mensch unternommen haben sollte, bevor er stirbt. Einer der Tipps war das Nordkap und die Nordlichter. Das möchte ich einmal erleben, solange ich es kann.«

»Du hast ganz recht. Reisen bereitet dir genauso viel Freude wie Schreiben. Mach das!«

Zwei Wochen später buchte ich meine Skandinavienreise und auf meinem Tisch lag auch schon der Sparplan für deren Finanzierung. Damit begannen die Vorbereitungen für meine Nordlandreise.

Warme Bekleidung und Schuhe kaufen, Informationen sammeln, mich über die Landeswährungen erkundigen, Reiseführer besorgen, alle technischen Geräte prüfen. Mein Sohn lieh mir seine Canon Kamera aus und erklärte mir ausführlich, wie man die Objekte positioniert, wie die Beleuchtung am besten gelingt und worauf ich sonst noch achten sollte. Ich gebe zu, das war für mich sehr viel auf einmal. Trotzdem hörte ich ihm geduldig zu und machte mir Notizen.

Das waren die ersten Notizen für meine große Skandinavienreise.

Gebucht habe ich eine Rundreise.

Ich liebe es, im Zentrum des Geschehens zu sein. So fühle ich mich als Reisende frei. Die Erfahrung von einer Irland-Rundreise hat mir gezeigt, dass ich mich am wohlsten in der Gesellschaft netter Menschen fühle, die wie ich die Welt kennen lernen wollen. Oder ihre Traumreisen verwirklichen möchten.

Vor Kurzem habe ich mich mit meiner Freundin darüber unterhalten, wie unterschiedliche Frauentypen reisen: Wie verhält sich eine Abenteurerin, eine Sinnlich-Kreative, eine Fürsorgliche und eine Powerfrau?

Eine interessante Sichtweise, die ich bis dahin außer Acht gelassen hatte. In diese Notizen bringe ich einige Beobachtungen dazu ein.

Natürlich stellt sich die Frage, welcher Typ von Reisender ich bin. Eine gute Frage.

2. DER ANFANG

Nun ging es an einem schönen Augustmorgen in aller Frühe los.
Der Bus kam ein paar Minuten früher als erwartet.
»Sind wir die Ersten?« fragte ich den Busfahrer sofort, ohne einen Blick ins Innere des Busses geworfen zu haben.
»Was?«, wunderte er sich. »Ihr seid die Letzten!«
»Hier bei mir ist frei«, meldete sich ein schlanker Mann mit grauem Haar, Mitte sechzig. »Hier neben dem Fenster.« So habe ich Klaus kennen gelernt.
»Ich habe reserviert«, fing Klaus an und zeigte mir ein Blatt, auf dem sein Name stand. Dann verstaute er das Blatt in der Ablage des Vordersitzes. Alles fein säuberlich aufgeräumt. Die ersten Stunden sprach Klaus sehr viel über seine Mutter.
Ich, als Abenteurerin, achtete nicht sonderlich darauf und versuchte mich auf den Ausblick auf die Landschaft zu konzentrieren. Bis wir in Hamburg ankamen, wusste ich schon, neben welchem Menschen ich sitze. Das Schicksal oder der Zufall stellten mich auf eine Geduldsprobe.
Der Gedanke, dass ich in Urlaub bin und dass ich meine Traumreise antrete, ließen mich gelassen bleiben.
Neben mir saß ein Kind. Als ich das herausgefunden habe, musste ich innerlich schmunzeln. Noch ein Kind?
Das Leben ist so bunt und aufregend.
Klaus hatte eine Lumix Kamera, die er in der Tasche griffbereit aufbewahrte.
Alle zehn Minuten holte er seine Kamera hervor und machte von allen Seiten Bilder mit der Aussage: »Das muss ich meiner Mutter zeigen.«

Zuerst wollte ich etwas sagen, doch dann entschied ich mich fürs Schweigen. In solchen Momenten ist es sinnvoll abzuwarten.

Wir kamen in Hamburg an, wo wir unsere erste Übernachtung hatten.

An der Hotelrezeption hatten wir – Reisende von zwei Bussen – die Übernachtung in Hamburg und unsere Halbpension zu bezahlen. Das war nicht im Reisepreis enthalten, damit die Reise nicht so teuer erschien.

Mittlerweile weiß ich, dass das Unternehmen auf diese Art und Weise alle seine Reisen anbietet und dass es boomt.

Den lebenden Beweis hatte ich – und zwar Klaus. Bis Hamburg wusste ich, wo er schon mit dem Unternehmen gewesen war und wohin er noch reisen wollte – Moskau und Indien.

Mein Hotelzimmer ignorierte ich einfach; für mich zählte nur das Bett.

Am frühen Morgen nach dem Frühstück ging es los in Richtung Puttgarden, Rødby, Falster, Køge und Kopenhagen. Je weiter wir nach Norden fuhren, desto deutlicher wurden die vorherrschenden Farben Blau und Grün. Wir setzten mit der Fähre nach Puttgarden über.

Bei der Überquerung der Grenze zu Dänemark hörten wir zuerst die Nationalhymne, die üblichen Länderinformationen und dann ein Lied von einer dänischen Rockband.

Unser junger Reiseleiter Tom sorgte für gute Stimmung und Wohlbefinden. Wir wurden rechtzeitig informiert, was uns erwartete. Einige wichtige Informationen für alle Reisenden – wo man essen und shoppen kann, wo sich die Toiletten befinden, wo die besten Aussichtspunkte auf dem Schiff oder im jeweiligen Ort sind, erfuhren wir vor jeden Aufenthalt oder Stopp.

Mein Nachbar machte wie verrückt Fotos und ich gewöhnte mich langsam an den Gedanken, eine entspannte Reise zu erleben.

Schließlich war diese Reise mein Lebenstraum, der in Erfüllung ging.

3. HYGGE

Auf unserem Programm standen auch Stadtrundgänge mit einem ortsässigen Guide.
In den drei Städten, die wir erkundeten – Kopenhagen, Stockholm und Helsinki – waren es Frauen, die seit Langem dort lebten und ihren Ruhestand genossen. Als wir in Kopenhagen am Hafen ankamen und unsere Pause hatten, freute ich mich, endlich allein zu sein und ein paar schöne Fotos machen zu können. Da wir überall nur begrenzte Zeit zur Verfügung hatten, nutzte ich die Möglichkeit, alleine eine Erkundungstour durch den Ort zu machen und Natur und Wetter auf mich wirken zu lassen. Auch ein kleiner Spaziergang am Hafen brachte mehr in Bewegung für eine Sinnlich-Kreative als ich geglaubt hatte.
Was macht die Dänen zu den glücklichsten Menschen der Welt? Liegt es daran, dass das Gehaltsniveau hoch ist, viele ein eigenes Heim besitzen und ein hohes Maß an sozialer Sicherheit gewährleistet ist? Diese Faktoren sind sicher wichtig, doch spielt auch eine besondere Lebenseinstellung eine große Rolle.
Ich habe die Frauen beobachtet, wie sie sich bewegten, welchen Modestil sie bevorzugten, in welcher Begleitung sie waren. Überall konnte ich eine ruhige, entspannte Atmosphäre beobachten.
Ich schlenderte umher und nahm das Flair der Stadt in mich auf. Als wir später zu der Stelle am Hafen fuhren, wo die Meerjungfrau steht, erfuhr ich die erstaunliche Geschichte dieser Skulptur.
Die kleine Meerjungfrau ist nur 125 cm hoch und gilt als eines der kleinsten Wahrzeichen der Welt.

Der Künstler Edvard Eriksen fand ihr Vorbild in dem gleichnamigen Märchen des dänischen Autors Hans Christian Andersen.

Ich war überrascht, so viele Menschen an der Uferpromenade zu sehen. Alle wollten ein Foto von der kleinen Meerjungfrau haben. Ein paar Meter davon entfernt entdeckte ich ein Café, in dem die Einwohner von Kopenhagen der *Hygge* frönten.

»Hygge« ist ein neues Trendwort für Gemütlichkeit. Eigentlich es ist viel mehr – Behaglichkeit, Geselligkeit mit Familie und Freunden, Genuss und Harmonie. Alle reisenden Frauen, egal welchem Typ sie angehören, werden von diesem Lebensgefühl begeistert sein und das Wort *Hygge* zu ihrem Lieblingswort machen, genauso wie ich.

Hygge ist alles, was keinen Stress macht und gut tut. Gutes Essen, Kerzen, zwei Gläser Wein – das alles ist Hygge. Mit Freunden zusammensitzen, über Urlaubserinnerungen reden und neue Pläne schmieden – das ist auch Hygge. Über Sorgen und Politik zu reden gehört nicht dazu.

Seit ich wieder zu Hause bin, mache ich es mir hyggelig.

Ich starte anders in meinen Tag.

Ich stelle meinen Wecker ein bisschen früher, damit ich nicht gleich aus dem Bett springen muss. Ohne Eile duschen, gemütlich frühstücken – ein Stück Hygge würden die Dänen sagen.

In Schweden funktioniert Hygge sogar bei der Arbeit. Die Schweden haben ihre »Fika«, eine gemütliche Kaffeepause. Sie treffen sich zu einer halbstündigen Auszeit. Zum Kaffee gibt es mindestens sieben verschiedene Sorten Gebäck. Klingt sehr verlockend. Seit meiner Skandinavienreise steht bei mir zu Hause und bei der Arbeit mindestens eine Sorte Gebäck bereit – schwedisches.

Leider habe ich beim Rundgang den Deckel meiner Kamera verloren. Das teilte ich unserem Reiseleiter Tom mit. Interessant an dem Ganzen war, wie meine Mitreisenden reagierten, als Tom später im Bus eine Durchsage machte. Keiner meldete sich. Keiner hatte zufällig meinen Deckel gesehen. Ist ja nur eine Kleinigkeit, sagte ich mir. Ich werde mir einen neuen Deckel kaufen müssen.

Erst drei Tage später meldete sich die Familie, die hinter mir und Klaus saß. Die Mutter gab mir den verlorenen Deckel zurück. Es hat mich überrascht, wie die Menschen mit einem gefundenen Gegenstand umgingen. Schnell oder langsam reagieren, impulsiv oder überlegt – alles hat einen tieferen Sinn.

4. SCHWEDEN

In Helsingör startete die Fährüberfahrt nach der schwedischen Stadt Helsingborg. Ich freute mich und beobachtete die Spuren, die die Wellen hinterließen. In mir erwachte langsam die Abenteurerin. Den Sonnenuntergang aus dem Busfenster zu beobachten und zu fotografieren, war ein wunderbares Erlebnis. Sogar die kritischen Bemerkungen meines Nachbars Klaus blieben unbeachtet.

Ich gewöhnte mich daran und ließ Südschweden auf mich wirken. Wir übernachteten in der Region Småland / Västergötland. Fast alle Hotels in Schweden, in denen wir Unterkunft fanden, gehörten zur weltbekannten Hotelkette von Scandic Hotels. Aus meinem Fenster im fünften Stock hatte ich einen schönen Ausblick auf eine kleine Parkanlage mit vielen Blumenarrangements. Die Fürsorgliche und die Powerfrau in mir wurden von der wohltuenden Wirkung der Grünanlage und der gelungenen Gestaltung angesprochen.

Ich wartete mit meiner Kamera geduldig vor der Drehtür des Hotels. Zwischen den Drehscheiben befanden sich eine Laterne, Kissen und eine große weiße Kerze. Eine Gruppe Asiaten strömte sich laut unterhaltend nach draußen, ein junges Paar küsste sich vor dem Aufzug. Der junge Mann an der Rezeption lächelte freundlich, wie in asiatischen Ländern. Überall herrschte eine heitere Atmosphäre. Im Restaurant traf ich auf meine Mitreisenden, die sich am Büffet gütlich taten und schon ihren zweiten Teller verputzten. Innerlich lachte ich und dachte, typisch für Urlauber, die alles ausprobieren wollen. Sie stopften sich voll, als gäbe es kein Morgen. Da mich solche Bilder auch in den nächsten Tagen erwarteten, beschloss ich, sie nicht weiter zu beachten.

Ich suchte landestypische, regionale Gerichte aus und vermied es tunlichst, den Teller zu überladen. Die Powerfrau in mir fand Befriedigung darin, dass ich soviel

Selbstdisziplin hatte. Sich bewusst zu ernähren während einer Rundreise in Ländern, die man zum ersten Mal bereist, fällt einem schon schwer.

Ich schmunzelte als ich sah, wie mein Busnachbar eine Serviette mit einem Brötchen in seine Jackentasche steckte und der Busfahrer ein paar Packungen Kaviar in seiner Hosentasche verschwinden ließ. Ich schüttelte den Kopf und verließ eilig den Speisesaal, um meinen Schönheits- und Entspannungsschlaf zu halten.

Am Morgen des dritten Tages unserer Rundreise in Richtung Nordkap & Lofoten saßen wir nach dem Frühstück pünktlich in unserem Bus.

Reiseleiter Tom absolvierte einen nach dem anderen alle Punkte seines Routineprogramms: Kaffee kochen, die Reisegäste mit Getränken versorgen, die tägliche Route auf der Karte zeichnen lassen und den Kilometerstand erraten lassen, die Bestellung für unser Mittagessen ausfüllen und uns die Informationen über die Ortschaften, an denen wir vorbeifuhren, in interessanter Form zu vermitteln. Ich bewunderte die gute Laune des jungen Mannes. Unerschöpfliche Kraft, Neugier und Einsatzbereitschaft strömten aus seinem ganzen Wesen.

Ich war froh, dass wir ihn an Bord hatten.

Zu meiner Linken sah ich den Vätternsee, den zweitgrößten See in Schweden. Abfluss des Sees ist der Fluss Motala, der in die Ostsee mündet. Der See dient als Trinkwasserreservoir und ist bei Pkw- und Wohnmobilreisenden sehr beliebt. Das Wasser ist klar und warm. Der See ist 31 km breit und 135 km lang und bildet ein *Natura 2000* Schutzgebiet. Sein Ostufer ist ein Biosphärenreservat.

Tom erzählte, dass ein Bekannter von ihm jedes Jahr hierher kommt, weil der See fischreich ist. Hier leben 31 Fischarten wie Saibling, Hecht, Binnenseelachs u.a.

Am südlichen Ufer des Sees sah ich das Huskvarna Gebäude in der Stadt Jönköping. Zur Gemeinde Jönköping gehört der Ort Gränna, das Zentrum der Herstellung von

Zuckerstangen. Sie sind traditionell rot-weiß gestreift und als *Polkagris* bekannt.

Auf dem Rückweg unserer Reise machten wir an diesem Ort halt. In Gränna wurde der Schriftsteller Lasse Strömstedt geboren. Er ist in Schweden bekannt durch seinen Kampf gegen Drogen und Kriminalität. Etwas über die dunklen Seiten der schwedischen Gesellschaft zu erfahren, war für mich als Abenteurerin sehr interessant.

Wir fuhren stundenlang, vorbei an den Städten Linköping, Norrköping und Nyköping bis nach Stockholm.

Ich war hellwach.

Meine Sinne waren offen für den Reichtum der Farben, das Sonnenlicht, die Menschen und die Gebäude. Unser Bus fuhr direkt zu der Stelle in einem Vorort von Stockholm, wo unsere Stadtführerin wartete.

Die Stadt liegt auf 59°20′ nördlicher Breite.

Nach ihrer Lebensqualität befand sich Stockholm im Jahre 2018 auf Platz 23 unter 231 Städten aus aller Welt.

Mit 2,1 Millionen Einwohnern (Groß-Stockholm) ist es die größte Stadt in Skandinavien.

Unsere Stadtführerin redete ununterbrochen. Mir schwirrte bald der Kopf, so dass ich beschloss, das Ganze einfach an mir vorbeirauschen zu lassen. Nach zwei Stunden stand meine Entscheidung fest – ich werde Stockholm als Städtetrip später besuchen. Die Besiedlungsgeschichte, die Mischung aus Tradition und Moderne und die besondere Atmosphäre hier luden mich ein, mehr zu erfahren.

Wir strandeten am Hafen, wo ich ein paar Fotos machte. Die Sonnenstrahlen glitzerten auf dem Wasser und ich genoss meinen Aufenthalt in vollen Zügen.

Wir sahen eine lange Menschenschlange vor dem ABBA Museum, die blauen Straßenbahnen, grüne Inseln und Schären mit falunrot gestrichenen Häusern.

Unzählige Gebäude in der Stadt luden ein entdeckt zu werden. In den Straßencafés verbrachten die Einwohner der Hauptstadt Schwedens ihre »Fika«. Die Vielfalt der Eindrücke, der Farbenreichtum, die Fülle architektonischer Stile und Lichtstimmungen machten mich sprachlos.

Für kurze Zeit waren meine Sinne überfordert. Auf dem Weg zum Hafen, wo wir unsere MS Galaxy erreichten, schloss ich kurz die Augen.

5. MITTENDRIN

Nun erwartete mich die Überfahrt nach Turku und damit ein neues Land – Finnland.

Die Wartehalle platzte aus allen Nähten. Die Sprachen, die ich erkannte, waren Russisch, Finnisch und Schwedisch. Ich gelangte in eine Gruppe Mitreisender, die ich noch nicht kannte – zwei Familien, die an der Grenze zur Schweiz wohnten. Ihr Dialekt klang sehr eigenartig, aber er gefiel mir.

Nach einer Stunde kam Bewegung in die Menschenmenge. Ich hielt mein Ticket fest und begab mich zum Eingang des Schiffes. Zwei Männer aus der Crew wiesen die Richtung.

Ich gestehe, auf so einem großen Schiff war ich noch nicht gewesen. Neugierig wanderten meine Augen hin und her, bis ich mich orientieren konnte. Die Decks, auf denen unsere Kabinen lagen und von denen aus wir die Fahrt draußen genießen konnten, wussten wir schon von unserem Reiseleiter Tom.

Gleich nach dem Auspacken in der Kabine ging ich auf das Sonnendeck mit Aussichtsplattform.

Die glücklichen Momente, die ich alleine mit der untergehenden Sonne verbrachte, waren etwas ganz Besonderes. Mir war bewusst, dass diese Reise ein unvergessliches Erlebnis in meinem Leben sein wird. Ich wollte jede Minute Fotos machen, um die Lichtreflexe auf dem Wasser festzuhalten. Ein kühler Wind bewegte die Bäume und ich sah die Landschaft wie in einem Film von Inga Lindström vorbeiziehen. Die falunroten Häuser, jedes mit eigenem Bootsanleger, die Felsen am Ufer und das Grün dahinter. Dies alles lief auf beiden Seiten vorbei und das große Schiff, das dazwischen majestätisch seine Bahn zog, faszinierte mich. Dazwischen zu sein, dort wo sich die Naturelemente begegnen, hat auf mich schon immer einen großen Reiz ausgeübt. Ich nahm die Schwingungen der Elemente wahr und dies öffnete mein Herz. Das war ein Moment, der alle Typen reisender Frauen ansprach – Abenteuerlustige, Sinnlich-Kreative, Fürsorgliche und Powerfrau. Ich konnte mir vorstellen, wie sie das wahrgenommen hätten.

Die Sinnlich-Kreative würde sich vorstellen, ihr Traumpartner stände neben ihr, würde seine Hand auf ihre Schulter legen und mit ihr in die Ferne schauen. Die Abenteuerlustige würde sich im Schneidersitz niederlassen, um die Lichtstimmungen und Landschaften auf sich wirken zu lassen. Die Powerfrau würde das Spiel der Elemente eher sachlich beobachten und sich Gedanken darüber machen, welche Bedeutung das in ihrem Leben haben könnte. Und die Fürsorgliche würde sich als Mutter einer großen Familie in einem schwedischen Liebesfilm sehen.

Ich spürte Ruhe und einen unendlichen Frieden in mir, ausgelöst von diesem Moment. Am Ende des Decks entdeckte ich meinen Busnachbarn Klaus, der ein Foto von mir machte. »Das muss ich meiner Mutter unbedingt zeigen!«, sagte er und ich lachte, weil ich diesen Kommentar erwartet hatte. Seine virtuelle Mitreisende war immer seine Mutter und keine andere Frau. Ich schüttelte den Kopf und ging zu dem Deck, auf dem sich die Souvenirshops befanden. Ich hole mir aus jedem Ort ein kleines Andenken, das mich an den Aufenthalt erinnert.

Meine Kabine war winzig und der begehrteste Platz war das Bett.

Am nächsten Morgen fand ich ohne Orientierungsprobleme das Restaurant, in dem wir frühstücken sollten.

Auf der Treppe am Weg dorthin lag eine betrunkene junge Frau und ihr Freund versuchte sie auf die Beine zu stellen. Es heißt, dass die Menschen des Nordens gerne und reichlich dem Alkohol zusprechen. Die Begegnung mit dieser Schattenseite des Lebens am frühen Morgen hat mich nachdenklich gemacht. Ein paar Meter weiter traf ich auf drei arabisch sprechende betrunkene junge Männer und ein laut streitendes russisches Paar.

Die Kamera lag einsatzbereit in meinem kleinen Rucksack und wartete. Schnell fand ich den Ausgang. Ich wollte auf meinem Smartphone nach der Uhrzeit sehen, musste aber feststellen, dass ich es nicht dabei hatte.

Ich hatte es in meiner Kabine vergessen. Verdammt! Mir war klar, dass wir in Kürze von Bord gehen sollten.

In höchster Eile lief ich zu dem Gang, an dem sich meine Kabine befinden sollte.

Es war der falsche.

Ich ging noch mal zur Treppe, um zu überprüfen, ob ich mich auf dem richtigen Deck befand.

Als ich feststellte, dass es nicht mein Deck war, bekam ich Panik.

Bestimmt blieben nur noch wenige Minuten, bis wir das Schiff verlassen sollten.

Zum dritten Mal ging ich zur Treppe, um den richtigen Gang zu nehmen und lief dieses Mal in die richtige Richtung. Während ich weitereilte, bemerkte ich eine junge Frau vom Housekeeping, die gerade meine Kabine verließ. Ich steckte meinen Kopf hinter die Kabinentür und stellte erleichtert fest, dass mein Telefon auf dem kleinen Tisch zwischen den Betten lag. Mir entfuhr ein lautes »Gott sei

Dank« und ich lief schnell hinaus. Die junge Frau, die wohl ahnte, was los war, schenkte mir ein verständnisvolles Lächeln.

Die Menschenmenge strömte schon aus dem Schiff in Richtung Hafengebäude und ich ging erleichtert hinterher mit dem Gedanken, von nun an zweimal zu überprüfen, ob ich alles dabei habe. Wenn ich mich künftig daran hielt, dann stand einer entspannten ersten Skandinavienreise nichts mehr im Wege.

6. NEUE LIEBE

Unser Bus wartete startbereit auf uns und alle nahmen zügig ihre Plätze ein.

Wir befanden uns in Finnland und ich war sehr gespannt, was auf uns zukommen würde. Aufmerksam hörte ich der finnischen Hymne und einem kurzen Streifzug durch die Landesgeschichte zu. Dieses Land fasziniert mich seit der Zeit, als mein Sohn in der Schule war. Seine erste Klassenlehrerin war eine Finnin, die sich mit meinem Sohn auf Russisch unterhielt. Der Zufall wollte es, dass sie am selben Tag wie ich geboren war. Ich gratulierte ihr jedes Jahr und sie wunderte sich jedes Jahr wieder, woher ich ihren Geburtstag wusste. Es war für mich sehr erheiternd und berührend zu sehen, dass sie sich jedes Mal wie ein kleines Kind darüber freute.

Ich erinnere mich, wie sie uns von ihrer Schulzeit in Finnland erzählte. Fasziniert hörten wir von Lappland, Rentieren und kleinen Kindern, die auf Skiern zur Schule liefen. Wenn die Temperaturen das nicht zuließen, fuhren die Kinder mit dem Bus. Ich konnte mir sehr gut vorstellen, wie überall Schnee lag und die Spuren im Schnee vom Wind rasch verweht wurden.

Es war Sommer und ich hielt mein Smartphone am Fenster bereit, um die Natur und die dünn besiedelten Orte zu fotografieren.

Wir fuhren direkt in Richtung Helsinki, wo uns eine Stadtführerin erwartete, um uns die Sehenswürdigkeiten zu zeigen. Die Vororte Helsinkis erinnerten mich an die Plattenbauten der kommunistischen Zeit. Ab und zu las ich noch Wörter auf Russisch – Überreste aus der Zeit, als Finnland seine Unabhängigkeit noch nicht erlangt hatte. Wir machten Halt am Hafen und die halbe Stunde Pause nutzte ich, um spazieren zu gehen und mir einen eigenen Eindruck zu verschaffen.

Das Gebäude der Markthalle könnte als Kulisse für einen alten Film dienen. Ich ging hinein und war überrascht von der modernen Gestaltung der Stände, des Cafés und des Restaurants.

Dieser Kontrast von Vergangenheit und Gegenwart schuf eine einzigartige Atmosphäre. Mein Blick schweifte vom überwältigenden Angebot an Fisch und Meeresfrüchten bis zu den exotischen Früchten, die dort auslagen.

Der Blick zum Hafen zog mich magisch an und ich wollte noch ein paar Fotos von dem dort aufgestellten Riesenrad machen.

Eine der Schaukeln war dunkler als die anderen. Wie wir danach von der Stadtführerin erfahren haben, war dies eine Sauna.

Man konnte also den herrlichen Ausblick mit einem wohltuenden Saunabesuch verbinden.

Eigenartig.

Wie die Finnen.

Am Hafen beobachtete ich ein kleines Schiff, das als Lokal eingerichtet war. Zwei junge Frauen saßen gemütlich an einem Tisch und unterhielten sich. Ein paar Meter entfernt sah ich eine andere Frau, die rauchte und ständig auf ihr Telefon schaute. Die Möwen kreisten umher und fühlten sich wohl in diesem Hafen.

Alles strahlte Ruhe und Gelassenheit aus.

Ein großes Schiff der MS Scandic Line versperrte den Blick zum ganzen Hafen und ich war froh, dass wir zum Bus zurückkehren mussten, um unsere Reise fortzusetzen.

Auf uns warteten der Tuusulanjärvi-See, Lahti, Heinola und die Finnische Seenplatte.

Dunkle Wolken hingen über uns und ich hatte das Gefühl, dass sie uns gleich verschlingen würden. Kurz danach, als wir in Lahti ankamen, um die Skipisten zu bewundern, schüttete es wie aus Eimern. Das machte mir gar nichts aus, weil ich daran denken musste, wie wohltuend kräftige Niederschläge für das seit Monaten unter Dürre leidende Deutschland wären.

Wir fuhren weiter, um am Abend Laukaa zu erreichen, wo sich unser Wellnesshotel befand.

Das Hotel lag an einem wunderschönen See und ich hatte die Möglichkeit, einen der herrlichsten Sonnenuntergänge meines Lebens zu genießen.

Einige unserer Mitreisenden badeten im kristallklaren Wasser. Sie sagten, sie könnten ihren Enkelkindern erzählen, dass sie in Finnland in einem See gebadet hatten. Das sind Erlebnisse, die jeder für sich mitnehmen konnte.

Noch heute, wenn ich meine Augen schließe und an diesen Ort denke, fühle ich mich dorthin zurückversetzt.

Solche Plätzchen irgendwo auf der Welt, wo sich die Seele zu Hause fühlt, hat jeder von uns. Der Zufall, unsere Wünsche und Sehnsüchte machen es möglich, dass wir diese Orte finden.

Sowohl die Abenteurerin als auch die Sinnlich-Kreative, die Fürsorgliche und die Powerfrau als Typen reisender Frauen hätten dort einen Platz gefunden, an dem sich ihre Träume erfüllen konnten.

Der Tag ist hinter dem See schlafen gegangen und auch ich begab mich zur Ruhe.

Am nächsten Morgen fuhren wir durch die Finnische Seenplatte weiter.

Die Finnische Seenplatte ist die größte Seenplatte Europas mit weit über 100 000 km² Fläche. Die Anzahl der Seen in dieser Region beträgt um 42 200.

Der größte See ist dem Saimaa-Seensystem zugeordnet. Die meisten Seen in der Region sind recht flach, der tiefste ist der Päijänne mit 95 m Tiefe. Blau und Grün sind die Farben, die die Atmosphäre in Finnland einzigartig machen. Wir fuhren kilometerlang durch Landstriche, wo es keine Häuser oder Ortschaften gab. Nur Seen, Wald und Himmel. Sogar die Wolken wurden vom Wind in einen anderen Winkel der Welt geschickt. Ab und zu bemerkte ich ein weißes Boot in einem See oder eine einsame Villa am Rande eines Gewässers.

Hinter uns lagen schon der Bottnische Meerbusen, Oulu und Kemi. Unser heutiges Ziel war Rovaniemi und der Polarkreis. Spät am Nachmittag erreichten wir 66 Grad nördlicher Breite – den Arctic Circle.

Eines der Highlights der Reise war unsere Polartaufe als Nordlandfahrer und die Überquerung des Polarkreises.

Obwohl unsere Reisecrew einen ganz normalen Rastplatz gefunden hatte, waren alle sehr aufgeregt und wir unterzogen uns lachend und scherzend der Taufe.

Jeder von uns bekam von Reiseleiter Tom persönlich die Taufe als Nordlandfahrer. Davon habe ich auch ein Foto. Es war ein befreiendes Gefühl, in einem Land zu sein, das weit weg von meiner Heimat liegt.

Diese Taufe war für mich das erste Erlebnis dieser Art als Reisende. Ein Gefühl der Leichtigkeit breitete sich in mir aus und ich spürte eine einzigartige Verbundenheit mit der Natur. Dies ist eine Eigenschaft der nördlichen Völker – naturverbunden zu leben, zu denken und diese Werte im Sinne der Nachhaltigkeit an die nächste Generation weiter zu geben.

Wir übernachteten im Raum Sirkka, wo eines unserer Highlights auf uns wartete.

Ich hatte ein Zimmer mit eigener Sauna. Klein, aber fein, und ich habe diese Annehmlichkeit ausgekostet. Alle Typen reisender Frauen in mir freuten sich darüber, etwas für den Körper und das Wohlbefinden zu tun.

Eine der beliebtesten Arten entspannt zu schwitzen ist die finnische Sauna. Sie gilt als Klassiker des Schwitzbades. Die beliebteste Holzart beim Bau einer Sauna ist die nördliche Fichte, Polarfichte genannt.

Die Finnen sind die Erfinder der Sauna und statistisch gesehen gibt es in jedem Haushalt eine. Für das nördliche Volk ist die Sauna nicht nur eine Art zu entspannen und den Körper zu reinigen. Die Sauna hat als Lebensmittelpunkt der Finnen eine ganz besondere Bedeutung. Während in Deutschland beim Saunagang Wert auf Ruhe und Entspannung gelegt wird, gilt die finnische Sauna als Ort der Kommunikation.

Hier werden Geschichten erzählt, wird gelacht und diskutiert, sogar geschäftliche Termine finden in der Sauna statt. Dahinter lässt sich ein tieferer Sinn entdecken. Da in der Sauna alle nackt sind, sind alle gleichgestellt und können nichts verbergen – ein Ausgangspunkt für faire Verhandlungen.

Es gibt Geheimnisse, die tief in den Herzen der Menschen verborgen liegen. Auch sie werden enthüllt.

Wenn Finnen zur Sauna einladen, gilt es als unhöflich abzusagen. Die Saunagänge sind ein Beweis des Vertrauens und der Gastfreundlichkeit. Typisch finnisch sind auch die Würstchen, die direkt auf dem Saunaofen zubereitet werden. Aufgegossen wird mit Wasser oder einem Birkensud, der mit Birkenzweigen auf den heißen Saunasteinen verteilt wird.

Das Interessanteste ist, dass die Finnen nach den Saunagängen oft Weine aus dem Süden Bulgariens trinken.

Die aromatische Zusammensetzung der Rebsorten erhöht noch das Wohlbefinden nach den Saunagängen. Ich fand diese Mischung, Weine aus dem Süden im Norden zu genießen, spannend.

Besonders beliebt sind die Junggesellinnenabschiede. Die jungen Bräute müssen so viele Runden um die Sauna drehen, wie es der Zahl ihrer vorherigen Beziehungen entspricht. Der Kreis gilt als geschlossene geometrische Figur. Der Lauf um die Sauna hilft den jungen Frauen beim Loslassen und macht sie bereit für die neue Liebe zum (hoffentlich) wahren Mann ihres Herzens.

Ich musste lachen, als ich mir vorstellte, wie ich selbst nackt mehrere Läufe um die Sauna absolviere und schließlich die Saunatür öffne.

Die Tür zum Mann meines Herzens. Die Sinnlich-Kreative und die Abenteurerin in mir wurden auf einmal wach.

Dieser tiefere Sinn der finnischen Sauna hat mich zum Nachdenken gebracht.

Öffnen die alten Türen neue Wege, die man gehen kann? Wie schafft man es, gleichzeitig alte Türen zu den Freundschaften offen zu halten und loszulassen, um neue Wege zu gehen. War dieser sakrale Saunaraum ein Niemandsland, wo jeder von uns seine inneren seelischen Schichten entdeckt, um Verwundungen zu heilen und loszulassen?

Ich lag im Bett und beobachtete die Lichter, die durch das Fenster zu mir kamen.

Morgen werde ich Finnland verlassen.

Eins war für mich sicher.

Ich habe eine neue Liebe gefunden – Finnland.
Ich werde wieder nach Finnland kommen. Das schweigsame, zurückgezogene Volk hat viele Geheimnisse und es gibt viel zu entdecken.
Die Natur hier verlangsamt die Gedanken und den Gang. Sie beeinflusst das menschliche Wesen und wirkt auf das Leben wie ein Magnet.
Ich lebte ganz in dieser Vollkommenheit und Verbundenheit mit Natur, Mensch und Erde.

Die frische Luft und der klare Himmel am nächsten Morgen machten Lust auf immer mehr.
Wir brachen in Richtung der Grenze zu Norwegen auf. Da unser »Bustikuskii« (Busfahrer) den Weg verkürzen wollte, landeten wir tief im Wald. Der Bus fuhr auf einem schmalen Weg voller frischer Pfützen. Ich betrachtete die Gesichter meiner Mitreisenden und entdeckte keine Angst darin. Alle waren wie ich neugierig, was als Nächstes geschehen würde und blickten gespannt nach draußen, ob sie ein Rentier oder irgendein anderes Lebewesen entdecken konnten. Doch es sah so menschenleer und verlassen aus, dass ich das Gefühl hatte, wir seien alleine in diesem großen Waldareal, irgendwo im Nirgendwo.
Plötzlich sah ich vor uns Scheinwerferlicht.
Es war ein Laster voll beladen mit Holzstämmen.
Die Vorstellung, hier liegen zu bleiben, machte mir Angst. Unser Busfahrer stieg aus und ging zu dem finnischen Lastfahrer, um zu besprechen, was nun zu tun war. Ich sah die lachenden Gesichter der beiden Männer und wunderte mich, wie unkompliziert und schnell sich die Situation klärte. Wie der fremde Lastfahrer vor uns mit seiner zehn Tonnen schweren Last in einen schmalen Weg bog und so die Strecke für uns frei machte. Unser Fahrer fuhr ein Stück und hielt dann, suchte etwas im Kühlschrank und sagte, er wolle dem finnischen Fahrer eine kleine Flasche Sekt schenken, zum Dank dass es so gut geklappt hat. Alle applaudierten ihm. Der Zusammenhalt der Menschen hier in der Natur und in jeder Wetterlage

machten sie für Reisende im Norden, wie ich, zu echten Helden. Wie sie es schafften, eine knifflige Lage so schnell zu bewältigen, schien mir an ein Wunder zu grenzen.

Es war eine Situation, die alle Typen reisender Frauen in mir beeindruckte und mir größten Respekt und Bewunderung für die Bevölkerung dieses Landes einflößte.

Wir fuhren weiter und kamen nach ca. zwölf Kilometern an eine Kreuzung, wo sich noch drei solche Wege trafen. Wir bogen links ab und vor uns lag die spektakulärste Landstrecke Finnlands.

Hügelig, holprig, steinig und einsam.

Es fühlte sich an wie eine Achterbahn.

Hoch und runter, hoch und runter. Alle holten ihre Kameras hervor und machten kurze Videos. Vorne machte der andere Busfahrer auch ein Video von dieser Straße und erzählte uns, dass er letztes Jahr genau hier entlanggefahren war und es damals versäumt hatte, ein Video zu machen.

»Ich zeige meiner Tochter und meiner Enkelin, wo ich fahre. Ich schicke ihnen Bilder und Fotos von den Orten, wo wir sind«, sagte er voller Freude. Und dann wiederholte er zum tausendsten Mal: »Ich liebe meinen Job! Habe ich euch das schon gesagt?« und lachte glücklich.

Die modernen Medien machen es möglich, das Gesehene und Erlebte mit anderen Menschen schnell zu teilen.

In ganz Skandinavien hatten wir eine hervorragende Internetverbindung und es war selbstverständlich es überall zu nutzen.

Auch ich postete in meinem Instagram Profil die schönsten Bilder des Tages und freute mich sehr, als eine finnische Starfotografin eines meiner Fotos likte.

In zwei Stunden erreichten wir den Höhepunkt unseres Tages – den Inari See.

Ich war voller Aufregung und konnte mir nicht erklären, woran das lag. An der Tatsache, dass der Inari See als Heiligtum der Samen gilt oder weil ich mich in einem Märchenland befand. Die Ureinwohner Lapplands zu sehen – dieser Wunsch von mir blieb unerfüllt.

Das lag daran, dass wir nur Durchreisende waren. Ein weiterer Anlass für mich, das wunderschöne Finnland nochmal zu erkunden. Meine Mitreisenden besuchten an unserem Halt die Shops und tranken Kaffee.

Ich war vom Anblick des Sees wie verzaubert.

Irgendwo in der Mitte des himmelblauen, glänzenden Gewässers stieg aus geheimnisvollen Tiefen eine Fontäne auf, die die Sonnenstrahlen in leuchtende Regenbogenlichter verwandelte.

Mir schien, die Zeit sei stehen geblieben.

Ich starrte wie gebannt auf den See und spürte, dass dies einer jener Momente in meinem Leben war, in denen ich dem Glück begegnete.

Die Ewigkeit der Natur.

Wie lange ich so verweilte, vermag ich nicht zu sagen. Schließlich kam Tom und erinnerte mich freundlich daran, dass wir heute Abend unser Tagesziel erreichen wollten – das Nordkap.

Eilig machte ich ein paar Fotos und lief zum Bus zurück. Der Zauber des Moments war vorbei, aber tief in mir gespeichert – für schmerzhafte zukünftige Augenblicke, in denen ich die Erinnerung daran als rettenden Hafen zurückrufen konnte.

7. NORDKAP

Unser Bus fuhr durch Karasjok, die frühere Hauptstadt Lapplands, überquerte die Staatsgrenze zu Norwegen und fuhr weiter in Richtung der Nordkapinsel Magerøya (norweg. für »karge Insel«).

Diese Insel ist etwa sechs Kilometer vom Festland entfernt und bildet den Hauptteil der Kommune Nordkap im Bezirk Finnlark. An der Südküste liegt Honningsvåg. Die Insel hat rund 3 100 Einwohner und ist seit 1999 über den Nordkaptunnel (Länge 6 875 m) mit dem Festland verbunden.

Wir fuhren mit einer Geschwindigkeit zwischen 60 und 70 km pro Stunde und links und rechts von uns sahen wir kleine und große bewegliche Punkte – Rentiere waren hier zu Hause. Hier habe ich zum ersten Mal ein weißes Tier gesehen und fotografiert.

Im Bus war es ganz still und man konnte nur das Motorengeräusch hören.

Alle starrten nach draußen. Die Landschaft bot mit ihrem Relief einen faszinierenden Anblick. Wer schon im Norden war, weiß, wie reizvoll das sein kann. Wer noch nicht im Norden war, wie ich, erlebt es.

»Noch 32 Kilometer bis zum Nordkap«, meldete sich unser Busfahrer. »Der Weg zieht sich wie ein Kaugummi, bis wir oben sind. Aber es ist schön, genießt es. Ihr seid eurem Lebenstraum sehr

nah.« Der erfahrene Busfahrer kannte diese Route und wusste, was uns erwartete.

Wenn ich jetzt, Monate später, daran zurückdenke, wird mir klar, dass ich mich glücklich schätzen kann. Wie viele Menschen können sich ihren Lebenstraum, bis zum Nordkap zu kommen, erfüllen.

Alle Typen reisender Frauen in mir waren glücklich.

Die unendliche Ruhe der Natur draußen wirkte auf eine besondere Art und Weise auf uns Reisende. Je weiter wir in nördlicher Richtung fuhren, desto langsamer wurde die Welt.

Wie in einer anderen Dimension gelandet, spürten das alle genauso wie ich. Eine unglaubliche Atmosphäre lag in der Luft und wir waren mittendrin.

Auf dem Weg nach oben trafen wir nur ein paar Autos aus Großbritannien, Deutschland und Norwegen, einen Biker aus Frankreich und drei Wohnmobile aus Spanien. Wir fuhren links am großen Parkplatz vorbei und nur noch ein paar Meter lagen vor uns bis zur Nordkaphalle. Oben gekommen, sah ich noch zwei norwegische Busse und ein paar Autos. Unser Busfahrer erklärte, dass nur ganz wenige Busse und Autos die Erlaubnis bekamen, bis hier oben zu fahren und stundenweise zu bleiben. Alles war vorher amtlich zu regeln. Ich nahm meinen Rucksack und die Kamera und verließ den Bus. Ich hatte 180 Minuten zur Verfügung.

180 Minuten für einen Traum.

180 Minuten für ein ganzes Leben.

Der Weg führte zuerst zur Nordkaphalle und danach zu der berühmten Erdkugel – dem Symbol des Nordkaps.

Ich befand mich auf 71°10′ 21″ nördlicher Breite.

Das Nordkap war in der Vergangenheit Ziel von Abenteurern, Expeditionen und wohlhabenden Reisenden. Heute ist die Felsenklippe dank moderner Transportmittel leicht zu erreichen. Die anderen steuerten auch auf die Erdkugel zu, um dieses Wahrzeichen des Nordkaps auf einem Foto für die Ewigkeit festzuhalten. Die ganze Gruppe wurde von unserem Reiseleiter fotografiert und jeder schaute, dass er sein Bild mit dem Globus bekam. Einige mutige Männer kletterten für ein besonderes Foto in die Kugel hinein.

Einmal an dieser Klippe zu stehen, mit der Erkenntnis, dass man sich am Ende eines Kontinents befindet, das wünsche ich allen Menschen.

Bis da ist Festland, ab der Klippe ist Wasser. Unendlich, anziehend und gefährlich.

Ab da ist das Unbekannte.

Die Abenteurerin in mir spürte großen Respekt vor der Natur.

Die Sinnlich-Kreative wollte jemanden dabei haben, an den sie sich anlehnen konnte und mit dem sie schweigend die Magie des Augenblicks teilen konnte. In dem Moment war meine Kamera mein bester, schweigender Begleiter und gleichsam ein Schatzkästchen für die wertvollsten Momente meines Lebens.

Das Lichtspiel der Sonnenstrahlen, Klippen und Ozean und die Menschen, die als winzige Punkte erschienen, festzuhalten, stellte mich vor eine Wahl.

Wollte ich zuerst die Natur genießen und die Eindrücke als einmaliges Erlebnis in mich aufnehmen, oder wollte ich erst einige Augenblicke im Bild festhalten und danach alles in Ruhe auf mich wirken lassen. Vor so eine Wahl war ich noch nie in meinem Leben gestellt gewesen.

Ich setzte mich in der Nordkaphalle ans Fenster und gab mich einfach dem Moment hin.

Mich überkam das Gefühl, in der Mitte des Universums zu sein. Nach zwanzig Minuten Stille und innerer Ruhe bin ich hinausgegangen, um intuitiv die Gegend zu erkunden. Einige Reisende blieben in der Halle, um einen Panoramafilm der Reise durch die vier Jahreszeiten des Nordkaps anzusehen.

Andere suchten für ihre Familien und Freunde Geschenke, die sie von hier mitnehmen wollten. Ein Restaurant, eine Kaffeebar, ein kleines Postamt, historische Ausstellungen, das Thaimuseum und die Johanneskapelle blieben für mich im Hintergrund.

Für 180 Minuten musste ich meine Wahl treffen und ich habe sie getroffen.

Dies war eine Landschaft voller Kontraste, wechselnder Lichtstimmungen und überwältigender Natur. Es war ein Schatz, den unsere Erde besaß und den wir bewahren müssen.

Erst jetzt wurde mir klar, wie bedeutend unser Aufenthalt auf der Erde in dieser Hinsicht ist. Nur von uns, den Menschen, hängt es ab, wie wir in unserem Zuhause leben, ob wir es schätzen und bewahren.

Die Uhr zeigte, dass ich nur noch 15 Minuten hatte.

Ich entschied mich, ein paar Geschenke für meine Familie zu kaufen, um meinen Lieben Freude zu bereiten. Ein blaues Armband, auf dem in weißer Farbe die nördliche Breite und die Flagge Norwegens eingeprägt waren, nahm ich als kleines Andenken für mich mit.

Heute ist das Band ganz blau, ohne Buchstaben.

Blau.

Blau ist die Farbe meines in Erfüllung gegangenen Traums, das Nordkap zu sehen.

Auf dem Weg nach Kamøyvær auf der Ostseite der Insel, wo wir übernachten wollten, habe ich die Fahrt einfach genossen.

Der Ort hat 70 Einwohner und liegt nordwestlich von Honningsvåg.

8. EAST OF THE SUN

Unser Reiseleiter Tom hielt noch ein weiteres Highlight für uns bereit.

Er teilte uns mit, dass wir eine Galerie besuchen würden. Dort sei eine deutsche Künstlerin und Autorin aus Nürnberg zu Hause – Eva Schmutterer. Ihre Bilder seien weltbekannt und sehenswert, sagte uns der junge Mann. Sie würde wenige Besucher empfangen und wir könnten uns glücklich schätzen, dass sie uns treffen wolle.

Unten im Dorf angekommen, bekamen wir unsere Zimmer zugeteilt und dann gingen wir zu Fuß zur *East of the Sun* Galerie am Nordkap.

Eva Schmutterer hatte in Nürnberg in einer Kinder- und Jugendeinrichtung gearbeitet. Dort verliebte sie sich in einen »Weihnachtsmann« – in dieser Rolle lernte sie Jürgen, ihren heutigen Ehemann, kennen. Er war der Bruder einer Kollegin, ein in Kamøyvær lebender Deutscher auf Besuch in der alten Heimat.

Eva folgte Jürgen vor 17 Jahren nach Kamøyvær und entschied sich, in diesem norwegischen Dorf auf dem 71. Breitengrad Nord zu bleiben.

Die Künstlerin erwartete uns und wir wurden sehr freundlich empfangen.

Wir haben uns von dieser Künstlerin in einem Fischerdorf im hohen Norden faszinierende Geschichten erzählen lassen. Sie zeigte uns ihre Werkstatt und ihre Bilder.

Sie und ihr Mann hatten das Haus 2004 gekauft und als Galerie umgebaut, wofür sie drei bis vier Jahre brauchten. So entstand eine Galerie, die nur im Sommer besucht wird. Einheimische und ausländische Besucher kaufen die Bilder. Eva hatte schon in Deutschland am Küchentisch mit ihren Collagebildern angefangen. Die Schönheit der nördlichen Natur fasziniert sie und ihre Bilder sind mittlerweile auf der ganzen Welt bekannt.

Es gibt Menschen, die speziell wegen ihrer Bilder nach Norwegen kommen, um ein Original zu kaufen und die Künstlerin kennen zu lernen. Eva erzählte uns, dass einige Bildmotive besonders beliebt sind, egal ob die Kunden aus

Amerika, Europa oder von einem anderen Kontinent kommen.

Das eine heißt »Der ferne Horizont« – eine Frau in einer weiten Landschaft schaut auf das Meer und den Horizont hinaus. Ein anderes Motiv ist die Kirche in Honningsvåg im Winter mit dem Mond und blauem Licht. Beliebt ist auch das Motiv »Unter dem Mond«. Es ist ein in Blau gehaltenes Bild, das die Stimmung in der Zeit kurz vor Beginn der Polarnacht vermittelt, wenn das Licht von tiefem Blau ist. Durch diese Farbgebung wirkt das Bild sehr kühl und arktisch. Die Künstlerin sagte, es sei sehr gefragt.

Bei der Präsentation ihrer Bilder folgte sie den Jahreszeiten.

Als sie zum Winter kam, passierte etwas mit mir.

Sie erzählte, wie es letzten Winter war.

Es lag so viel Schnee, dass das ganze Dorf für zehn Tage von der Außenwelt abgeschnitten wurde. Überall lag Schnee.

Am dritten Tag traf eine E-Mail aus der Stadt Honningsvåg ein, dass ein Boot mit Proviant kommen werde. Am Tag seiner Ankunft, erzählte Eva, versammelten sich alle vierundsechzig Dorfbewohner, drei Hunde und zwei Katzen an der Anlegestelle und warteten.

Warteten still und würdevoll.

In diesem Moment kamen mir die Tränen.

Ich war da.

Mit diesen Menschen, in diesem Moment.

»Obwohl wir hier oben im Norden Norwegens leben, werden wir nicht vergessen. Regelmäßig kommen technisches Gerät und Spezialisten für besondere Aufgaben.« Damit beendete Eva ihre Erläuterungen und anscheinend verstand sie tief in ihrem Innern, was in uns vorging. Als ich wieder zu mir kam, suchte ich mir ein Bild aus sowie ein Buch, das Eva signierte. Auch ein spezielles Foto von zwei Autorinnen wurde gemacht – eine, die im Norden lebt und in Deutschland geboren wurde – und eine andere, die in Bulgarien geboren wurde und in Deutschland lebt.

Am Ende des Galeriebesuchs ging ich mit dem Gedanken weg, dass ich hier gerade einen persönlichen Glücksmoment erlebt hatte.

Noch einen weiteren.

Auf dem Weg zur Erfüllung meines Traums – Skandinavien.

Zum Abendessen saßen wir alle in einem kleinen, blau gestrichenen Wirtshaus an der Bucht zusammen und genossen den kühlen Sommerabend. Das Essen war einfach und wieder überkam mich das Gefühl, mit der Natur im Einklang zu sein.

Langsam fing ich an zu verstehen, was für eine Faszination die Natur hier auf die Menschen ausübt und wie sie sich nach ihr sehnen, sie schätzen und mit ihr leben. Ich konnte mir sogar vorstellen, hier zu leben oder zumindest eine meiner Romanfiguren hier leben zu lassen.

Hier öffnen die Menschen ihre Herzen.

Werden gesprächiger und gleichzeitig nachdenklicher.

Zum Ursprung kommen und dies tief in sich einlassen. Dies zu erleben, machte mich glücklich.

In der Nacht wachte ich um drei Uhr auf und schaute auf den Himmel. Milchige rosa und gelbe Lichter vollführten einen atemberaubenden Tanz auf dem Wasser im Hafen. Wie in Trance holte ich meine Kamera und machte ein Foto.

Der Morgen war so still, dass ich die Wellen von der Bucht hörte und das Gezwitscher einer großen Vogelschar, die sich hinter dem Haus versammelt hatte.

Ich ging hinaus, machte ein paar Schritte und hatte das Gefühl, ganz alleine zu sein. Es war merkwürdig.

Ich lief ca. 500 Meter weit, ganz allein, als wäre vor mir noch kein Mensch hier gewesen. Ich fühlte mich wie ein Entdecker, der zum ersten Mal die Gegend hier erkundet, obwohl ich natürlich wusste, dass auch hier Zivilisation und moderne Technik längst Einzug gehalten hatten.

Ich lief immer weiter und die Abenteurerin in mir war überwältigt. Ich fühlte mich einsam und gleichzeitig erfüllt und kam schließlich zum Friedhof des Dorfes.

Er befand sich auf einem kleinen Hügel, mit einem einfachen Holzzaun vom Weg getrennt.

Ich betrachtete die kleinen Grabsteine und las die Namen darauf. Die eingravierten Jahreszahlen gaben Auskunft über die Lebensspanne hier auf Erden.

Alle waren Wikinger.

Alle, die hier einen Platz gefunden hatten, an dem die Familien ihrer gedenken konnten.

Ich fühlte mich damit verbunden und wusste, dass Gemeinschaft und Einsamkeit hier Hand in Hand gehen, sowohl hier und jetzt als auch im Himmel.

Ich begriff, wie einfach das Leben hier ist, saß auf der Bank vor dem Friedhofszaun, schloss meine Augen und überließ mich ganz meinen Gefühlen.

Dies war mein Moment mit den Wikingern.

Ich war zu Hause.

Natürlich kam ich zu spät zum Frühstück.

Ganz erfüllt von diesen intensiven Emotionen teilte ich mein Erlebnis mit meinen Mitreisenden.

Während des Frühstücks betrachtete ich eingehend die Samentrachten, die an den Wänden hingen. Die Klarheit ihrer Farben und Motive war beeindruckend.

Ich nahm alles mit.

Der Sonne schien und wir alle genossen den Tag in vollen Zügen.

9. HURTIGRUTEN

Das Wort Hurtigruten (norweg. für »die schnelle Route«) war das Thema des Tages.

Wir fuhren bis Hammerfest, wo wir um 13.00 Uhr unser Schiff nach Tromsø erreichen wollten.

Schon Jahre zuvor hatte ich von den legendären Hurtigruten gehört.

Mit so einem Schiff unterwegs zu sein, war auch ein Traum von mir.

Einige meiner Mitreisenden nutzten das Zeitfenster bis zur Ankunft unseres Schiffs, um Einkäufe zu erledigen.

Ich blieb am Hafen und betrachtete das rege Treiben der Hafenarbeiter und die Gebäude.

An manchen Orten, wo ich gewesen bin, wusste ich, dass es zum ersten und zum letzten Mal war. Deswegen nutzte ich die verbleibende Zeit, um voll im Einklang mit dem Geschehen zu sein.

In der Ferne entdeckte ich ein Schiff, das auf den Hafen zusteuerte.

»Lofoten kommt«, sagte ein Mann neben mir.

»Ist das der Name des ankommenden Schiffs?«, fragte ich.

»Ja«, antwortete er und fuhr fort, »ist was Besonderes, Nostalgie und Romantik. Wurde 1964 gebaut, ist 87,4 m lang, 13,3 m breit und hat Platz für 400 Passagiere. Es spiegelt den Charakter der alten Postschiffe wider.«

»Sie wissen so viel über das Schiff«, sagte ich und erwartete erfreut, dass er noch mehr erzählen würde.

»Meine Frau und ich kamen aus Finnland und fuhren vor 20 Jahren genau auf dieser Route, genau mit diesem Schiff. Hier habe ich meiner Frau den Heiratsantrag gemacht«, ergänzte er und schwieg dann. Ich wusste intuitiv was passiert war.

»Meine Frau ist vor zwei Jahren an Krebs verstorben. Ich wollte den Weg von damals noch einmal gehen«, bestätigte er.

»Sie behalten Ihre Frau immer in Erinnerung. Das Leben geht weiter und wir versuchen jeden Tag so zu leben, wie es uns möglich ist«, sagte ich und dann wurde meine Aufmerksamkeit von dem ankommenden Schiff beansprucht. Danach habe ich den Finnen, der seiner Frau nachtrauerte, nicht mehr gesehen.

Bei den aktuell eingesetzten Schiffen unterscheidet man drei Kategorien: traditionelle, mittlere und neue Generation. Die Verbindung zwischen diesen drei Generationen ist, dass sie sowohl Fracht- als auch Passagierkapazitäten aufweisen und speziell für den Einsatz auf der Hurtigrute konzipiert worden sind.

Als ich kurz danach an Bord kam, entdeckte ich ein weiteres Merkmal, das für diese traditionelle Generation typisch war. Das Be- und Entladen von Fracht mittels Bordkran ist zeitaufwendig und umständlich. Die Fracht wird nur von einer Seite bearbeitet und so lag unser Schiff nach dreißig Lademinuten auf der rechten Seite, da die schweren Bauelemente für neue Gebäude das Gleichgewicht des Schiffes veränderten. Das war für alle, die auf dem Schiff Dienst taten, etwas Normales. Während der ganzen Fahrt hatte ich das Gefühl, das Schiff würde mir zeigen, dass es mich zuverlässig an mein Ziel führt.

Die Lofoten war das letzte verbliebene Schiff der traditionellen Generation.

Ich fotografierte die Innenausstattung des Schiffes und gönnte mir ein Stück norwegischen Kuchen und einen Kaffee.

Entlang der wilden, zerklüfteten Küste Norwegens zu fahren, war für mich ein besonderes Erlebnis.

Ich beobachtete die Menschen an Bord, erkundete die Rettungsboote, den kürzesten Weg dahin und zu anderen wichtigen Punkten auf dem Schiff, die jeder, der sich einige Stunden an Bord aufhält, ansteuert.

Der Rest des Tages verlief ganz normal, wir erreichten pünktlich unser Hotel in der Region Tromsø, bezogen die Zimmer und tauchten in die Nachtruhe ein.

10. VESTERÅLEN UND LOFOTEN

Die Fahrt zur Inselgruppe Vesterålen führte durch die Orte Andselv, Bardufoss, Öse, Bjerkvik und Boden. Höhepunkt des Tages war die Entdeckung der einzigartigen Inselwelt der Vesterålen.

Diese Inselgruppe liegt etwa 300 km nördlich des Polarkreises vor der Küste Norwegens und schließt nordöstlich an die bekannte Region Lofoten an.

Der Name ist von einer alten Bezeichnung der Meeresstraße westlich der Insel **Hinnøya** abgeleitet und kann im Deutschen als Westlicher Sund wiedergegeben werden.

Die sechs Inseln haben eine Fläche von 2 511 km². **Andøya, Langøya und Hadseløya sind** die Hauptinseln.

Aufgrund des Golfstroms ist das Klima sehr mild.

Neben Fischfang und -verarbeitung spielt die Fischzucht eine große Rolle. Ungefähr jeder zweite Arbeitsplatz hat mit Fischverarbeitung zu tun. Die Inseln sind durch fünf Brücken und zwei Tunnel miteinander und mit dem Festland verbunden.

Ab der Wikingerzeit bewog der Stockfischhandel mit Bergen viele Menschen dazu, sich hier niederzulassen. Der Gedanke, dass hier alte Wikingergebiete und Zentren von Handel und Fischverarbeitung waren, erinnerte mich wieder an die Verbundenheit der Menschen mit der Natur.

Das Abendessen wurde in einem Pub eingenommen. Ich ließ mir den frisch gefangenen Lachs munden und beobachtete die Menschen. Die jungen Norweger waren Nachkommen der Wikinger und strahlen Lebensfreude aus. So ein Pub verbindet Touristen und Einheimische. Vergangenheit und Gegenwart. Stolz und Gelassenheit des Moments. Mir kam der Gedanke, dass es eine Verbundenheit zwischen den verschiedenen Typen reisender Frauen gibt. Etwas Unbeschreibliches erfüllte mein Herz. Wie ein Fluss strömte Ruhe in mich ein, verbunden mit der Erkenntnis, wie wertvoll das Leben ist.

Mehrere Brücken führten uns zu der Inselgruppe Lofoten, wo wir übernachteten.

Der Name Lofoten bedeutet »der Luchsfuß« von »ló«, altnordisch für Luchs und »foten«, der Fuß.

Die Inselgruppe liegt etwa 300 km nördlich des Polarkreises im Atlantik, vom Festland getrennt durch den Vestfjord.

Am Morgen sammelten sich viele dunkle Wolken über uns und zum ersten Mal während unserer Reise wurden wir von starkem Regen heimgesucht. Durch die Regenschauer blickte ich auf eine einzigartige Landschaft mit Fjorden, Schären, Flüssen und Seen, Mooren, Gebirgstälern und kleinen Hochebenen, die einsam wirkten. Ich war fieberhaft auf der Jagd nach einem Regenbogen, als sich die Sonne hinter einem Fjord zeigte.

Und dort sah ich den faszinierendsten Regenbogen meines Lebens.

Er überspannte eine grüne Hochebene.

Wie ein Lichtteppich, der sich nur für uns zeigte. Der Zauber dauerte nur ein paar Sekunden. Bis ich meine Kamera herausgeholt hatte, verblasste das Bild bereits. Danach suchte ich vergeblich nach einem weiteren derart spektakulären Lichtspiel der Natur. Alle Regenbogen, die ich an diesem Tag noch sah, schienen wie kleine Geschenke an uns, die dieses Land besuchten.

Alle Typen reisender Frauen in mir waren glücklich.

Mir kamen die Tränen und als mein Nachbar Klaus das sah, gab er mir ohne zu fragen ein Taschentuch. Ich war ihm dankbar, dass er sich nicht danach erkundigte, was mit mir los war.

Kurz danach erreichten wir Henningsvær, ein berühmtes Fischerdorf, das wir besuchten wollten.

Wie von Zauberhand getrieben, bewegten sich die Wolken und ließen die Sonne ihre »Lichthasen« (bei uns in Bulgarien sagt man Lichthasen für die Lichtstrahlen, die die Wolken durchdringen und die Landschaft beleuchten) spielen.

Henningsvær, ein Ort in der norwegischen Kommune Vågan, befindet sich auf zwei kleinen, vorgelagerten Inseln vor der Lofoten-Insel Austvågøya.

Das Dorf liegt an der Südspitze der Insel. Wir machten an einem kleinen Parkplatz Halt.

Die Besichtigungszeit habe ich intuitiv genutzt. Obwohl es sehr kalt war, schlenderte ich durch die kleinen malerischen Gassen.

Manche meiner Mitreisenden sah ich in einem kleinen Café norwegischen Café und Kuchen genießen. Das habe ich mir für die nächste Reise nach den Lofoten aufgehoben. So ging ich in eine kleine Glasmanufaktur hinein.

Ich schaute der jungen Künstlerin Mette Paalgard bei der Herstellung einer Vase zu und dies erinnerte mich an meine Reise zur Insel Burano in der Lagune von Venedig. Auf der Suche nach alten venezianischen Handwerken habe ich dort einige Glasbläsereien besucht.

Die Touristen, die nach Henningsvær kamen, waren eine wichtige Einnahmequelle für die Glasmanufaktur. Danach ging ich in den einzigen Supermarkt und einen Laden, in dem ich meine Geschenke von den Lofoten kaufte. Ich probierte ein paar Jacken und kaufte mir eine. In der Schlange an der Kasse stand vor mir eine junge Portugiesin. Sie unterhielt sich ziemlich lange mit dem Besitzer des Ladens, der ebenfalls aus Portugal stammte. So erfuhr ich, dass er sich 2007 auf der Insel niedergelassen und seinen Laden eröffnet hatte. Die Waren für seine Kunden aus der ganzen Welt werden per Schiff angeliefert. Er wies mich auf eine Einkaufsmöglichkeit hin, die die meisten Kunden nutzen. Um die Shipping-Gebühren zu sparen, konnte ich mich für eine Lieferung auf dem Postweg entscheiden, was länger dauerte, dafür aber günstiger war. Meine Einkäufe wären in zwei Wochen in Deutschland eingetroffen. Ich wollte die Sachen jedoch lieber mitnehmen und war hinterher froh, mich so entschieden zu haben.

Am Henningsværer Hafen fotografierte ich die Fischerboote und schickte einen Wunsch zu einem großen Regenbogen.

Als ich klein war, sagte mir meine Oma, dass der Wunsch auf den Farben des Regenbogens zum Himmel klettert und in Erfüllung geht. Heute glaube ich zwar nicht mehr daran, folgte aber trotzdem dem alten Brauch. In diesem Moment tat mir der Gedanke an meine Oma sehr gut.

Die Leuchtkraft der Farben, in denen die Häuser gestrichen sind, machte das Dorf zu einem Besuchermagnet. Wie einem Bilderbuch entsprungen, zeigten sich die Fassaden in Blau, Gelb, Rot, Grün, Rosa, Lila und Grau. Viele Menschen wollten diesen einmaligen Anblick einmal erleben. Der Fischmarkt und die vielfältigen Farbnuancen des Wassers erinnerten mich an mein Land, an das Schwarze Meer und meine Stadt Varna.

Die Kraft der Elemente zeigte sich hier erneut in einem anderen Licht – dem Nordlicht. So intensiv, wie in diesen Tagen meiner Reise, hatte ich, eine Sinnlich-Kreative, eine Abenteurerin, eine Fürsorgliche und Gebildete, eine südländische Seele, wohnhaft in der Mitte Europas, in Deutschland, den Norden Norwegens noch nicht erlebt.

Ich wusste, dass es eines meiner Highlights auf dieser Reise war.

Die Straße war leer.

Nur ein paar Meter trennten mich vom Wasser.

Ich stand da, völlig entspannt und außerhalb der Zeit.

In meinem Herzen öffnete sich eine Tür, die das verlorene Kind los ließ und die neu gefundene Balance der Liebe zuließ.

Alle Narben, die ich aus meiner Kindheit wie eine schwere Last mit mir trug, wurden geheilt, um nicht mehr wieder zu kommen.

Ich atmete tief durch und fühlte mich erleichtert.

Ein Lächeln trat auf mein Gesicht.

Dankbarkeit überkam mich.

Es hat sich gelohnt, dass ich meine erste Fernreise nach Sri Lanka unternommen hatte und nun hierher gekommen war, um zu erfahren, dass ich in meinem jetzigen Leben den Süden mit dem Norden verbinden möchte. Dass ich die vier Typen reisender Frauen zusammenführen möchte.

Das Fenster des Busses war plötzlich ein Fenster durch die Zeit. Unser Busfahrerteam wählte die Fahrtrouten so, dass die Passagiere einen schönen Blick genießen konnten. Auch dafür war ich sehr dankbar.

Durch die atemberaubende Fjord- und Schärenwelt Norwegens mit zahlreichen Panoramaausblicken kamen wir nach Arjeplog, wo wir übernachteten.

Am nächsten Tag nahmen wir die Fähre von Lødingen nach Bognes. Es war die längste Fähretappe unserer Reise bis wir nach Schweden kamen. Durch das Gebiet rund um den reißenden Fluss Dalälven mit seinen über 600 Seen und Flüssen erreichten wir nach vielen Stunden Fahrt über die E45 die Stadt Falun.

Das Scandic Hotel hielt eine Überraschung für mich bereit. Mein Zimmer hatte vor dem Schlafzimmer einen kleinen Vorraum mit einem einladenden Sofa. Die Abendstunden verbrachte ich gemütlich mit Tee und ließ den Tag Revue passieren.

Die Stadt Falun entwickelte sich im Zuge des Kupferbergbaus.

Wir besichtigten die dortigen Skisprungschanzen, machten ein paar Fotos und erfreuten uns an der kupferroten Farbe der Häuser. Sie heißt Falunrot, ist in ganz Schweden beliebt und wird aus einem Farbpigment hergestellt, das ein Nebenprodukt der Kupfergewinnung ist. Seitdem weiß ich, wenn ich in Deutschland ein falunrot gestrichenes Haus sehe, dass die Bewohner entweder Schweden oder Fans von Schweden sind.

Unser Ziel am nächsten Tag war Örebro mit seinem Schloss.

Die Stadt liegt etwa 200 km westlich von Stockholm, 300 km östlich von Oslo und 300 km nordöstlich von Göteborg.

Zuerst besuchten wir das Freilichtmuseum Wadköping mit seinen alten Häusern. Die Museumshäuser zeigen den Besuchern das alte Leben und Handwerk. In einem davon sah ich eine alte schwedische Küche, in einem anderen ein Klassenzimmer, ähnlich wie im Schulmuseum im bulgarischen Gabrovo. In einem Café kaufte ich mir ein Eis und setzte mich in die Sonne.

Dann schaute ich mir noch ein Haus an, in dem ich eine finnische Puppe kaufte und mich auf Deutsch mit der alten Dame unterhielt, die dort Souvenirs anbietet. Sie hatte die Sprache nur durch Touristen gelernt und meinte, ihre wichtigsten Kunden seien die Deutschen.

Ich freute mich auf die schönen Fotos, die ich dort machte. Die Sonne schien so schön, dass ich die Zeit vergaß. Bis ich merkte, dass die von unserem Reiseleiter vorgegebene Uhrzeit für die Rückkehr zum Bus längst überschritten war und Panik bekam.

Wo sollte ich unseren Bus finden? Ich rannte wie um mein Leben, bis ich um die Ecke einer Kreuzung den Bus sichtete. Draußen wartete unser Reiseleiter Tom ungeduldig auf mich. Er sah, dass ich außer Atem war und sagte lachend: »Wer zu spät kommt, spendiert ein Bier für die Gäste vom ganzen Bus.«

»Sehr gerne«, sagte ich und sah die verständnisvollen Blicke meiner Mitreisenden.

»Sei froh, dass er großzügig ist. Ich habe auch anderes erlebt«, versuchte mein Nachbar Klaus meine Laune zu verderben. Ich tat so, als habe ich diese Bemerkung überhört, und versuchte normal zu atmen.

Nach ein paar Minuten kamen wir zum Schloss Örebro, wo wir eine kurze Fotopause einlegten. Ich fotografiere das Wahrzeichen der Stadt und beobachtete die vorbeilaufenden Schweden. Es waren hauptsächlich junge Menschen, die einzeln oder zu zweit vorübergingen und sich lebhaft unterhielten. Dies gab der Stadt eine freundliche Atmosphäre und zeigte das positive Lebensgefühl ihrer Bewohner.

Den »Pilz« – einen Wasserturm in Örebro – habe ich auch gesehen.

Das Highlight war Västergätland, begrenzt von den zwei größten schwedischen Seen, dem Vättern und dem Vänern. Unterwegs besuchten wir ein Elchgehege mit drei Rentieren und einen großen Shop, in dem ich meine Souvenirs aus Schweden kaufte.

Die Übernachtung, unsere letzte in Skandinavien, war in der Region Skåne. Ich genoss in vollen Zügen die Zeit auf der Fähre und war gespannt auf die Öresundbrücke am nächsten Tag.

11. DIE BRÜCKE

»Diese Brücke muss ich unbedingt fotografieren«, sagte Klaus und ich dachte, er würde hinzufügen »für meine Mutter«.

»Meine Mutter schwärmt von dieser Brücke, sie soll etwas Grandioses sein«, ergänzte er und ich musste innerlich lächeln. »Wie vorhersehbar ist die menschliche Seele dieses Kindes im Körper eines Mannes.« Trotzdem freute ich mich über seine Neugier und die Bereitschaft seine Fotos mit jemandem zu teilen, der ihm am Herzen lag. Da war kein Platz für eine andere Frau.

Der Platz reichte nur für ein weibliches Wesen – seine Mutter.

Ich hielt meine Kamera bereit für den Moment, in dem ich die Öresundbrücke zum ersten Mal sehen würde.

Da war sie – die weltweit längste Schrägseilbrücke für kombinierten Straßen- und Eisenbahnverkehr.

Wie eine silberne Schlange verbindet sie die dänische Hauptstadt Kopenhagen mit der schwedischen Hafenmetropole Malmö.

Die Brücke mit ihren 7 845 m Länge wurde am 1. Juli 2000 eröffnet. Es ist ein Traum vieler Menschen, einmal im Leben über diese Brücke zu fahren, um die technische Leistung des Brückenbaus und die Natur zu erleben. Die Brücke ist für Fußgänger nicht zulässig. Unter der Autobahn verlaufen die Bahnschienen. Die Höhe der Brücke beträgt 57 Meter.

Das Blau des Himmels spiegelte sich im Wasser und ich war glücklich, dass ich das erleben durfte.

Nach wenigen Minuten kamen wir in Dänemark an und fuhren weiter zur Grenze mit Deutschland. Am selben Tag mussten wir in Hamburg sein und sollten spät am Abend in Baden-Württemberg ankommen.

Es war eine Strecke von über 600 Kilometern, die unseren Busfahrern einiges abverlangte. Wir wurden unterwegs von vielen Staus aufgehalten.

Ich kam spät in der Nacht in Karlsruhe an. Richtig ankommen konnte ich in den nächsten Monaten allerdings nicht. Es dauerte ein halbes Jahr, bis ich meine Notizen über Skandinavien öffnete und diesen Reisebericht schrieb.

Vor dem Traum und nach dem Traum lagen Welten.

Die Reisenden in mir haben einen Hafen gefunden.

Wenn ich andere Länder bereise, neue Bekanntschaften und Erfahrungen mache, bereichert mich das auf vielen Ebenen. Neue Perspektiven, Erkenntnisse und Zusammenhänge eröffnen sich mir.

Die Abenteurerin in mir schickte mich in das Unbekannte, war mit mir auf der Reise, um die Welt zu erkunden. Auch wenn ich alles sorgfältig vorbereitet hatte, blieb bei dieser Reise eine kleine Unsicherheit.

Der Nervenkitzel, den ich verspürte, machte die Tage interessant und spannend. Meine innere Abenteurerin wurde geweckt und ich lernte ihre Kraft kennen und nutzen, damit sie mich unterstützt, jederzeit Neues zu wagen und mich auf unbekannte Wege einzulassen. Die Vorstellung, gerade um die Kurve, im nächsten Ort oder bei der nächsten Begegnung etwas Magisches zu erleben, trieb mich weiter. Ängste und Unsicherheiten nahm sie bei der Hand, ließ sich nicht von ihnen abhalten. Sie war und wird meine Begleiterin, wenn ich auf Reisen gehe, neue Wege beschreite und die Umsetzung frischer Ideen in Angriff nehmen. Die Wahrnehmung zu schärfen und auf die eigene Intuition zu hören hilf mir, meine innersten Gefühle zu kennen. Durch die Erfahrung der inneren und äußeren Reisen bekomme ich mehr Selbstvertrauen. Ich suchte nach Möglichkeiten, das Schöne mit dem Nützlichen zu verbinden.

Durch diese Suche habe ich die verschiedenen Typen reisender Frauen in mir entdeckt: die Abenteurerin, die Sinnlich-Kreative, die Fürsorgliche und die Powerfrau.

Meine wertvollste Erkenntnis aus dieser Reise ist, so zu leben, dass ich die Natur in mich einlasse und im Einklang mit ihr sein kann. Wenn ich meditiere, taucht jedes Mal eine andere Landschaft auf – mal in Finnland, mal in Schweden oder Norwegen.

Eine Woche nach dieser Reise wusste ich, was mein nächstes Reiseziel sein wird – die Wikinger-Route.

Die Sinnlich-Kreative zeigte mir eine andere Seite in mir, die ich bis jetzt tief begraben und vergessen hatte. Ich freute mich und war gleichzeitig gewarnt, denn ich lernte, den Zauber für einen Moment aus Raum und Zeit zu holen, und vergaß dann alles darum herum. Ich war gleichzeitig Muse und Künstlerin. Die Sinne neu zu entdecken, ihnen die Freiheit zu geben, die Glückseligkeit des Moments zu erleben, weckte die Sinnlich-Kreative in mir. Ich habe mir die Zeit genommen, die Sinnlichkeit in mein Leben zurück zu holen.

Ich erkannte mich neu, meinen Körper, meinen Blick. Mein Lachen hörte sich glücklich an. Gefühle von Dankbarkeit und Selbstliebe stiegen in mir auf. Die ganze Reise war mit sinnlicher Schönheit und Ausstrahlung erfüllt. Für meinen neuen Lebensabschnitt habe ich neue Düfte, Kleidungsstücke und Accessoires gefunden, die mich sinnlich und weiblich machen. Ich habe mir vorgenommen, sie in den kommenden Wochen öfter zu tragen. Auch die Menschen in meiner Umgebung bemerkten meine neue innere Einstellung. Ich erzählte über Finnland, die Lofoten und das Nordkap mit Sinnlichkeit und Dankbarkeit gleichzeitig.

Eine verstärkte Kreativität manifestierte sich sowohl in meinem Beruf als auch im Privatleben.

Das Schreiben erlebe ich nun intensiver als vorher. Die Leidenschaft, seinen eigenen Ideen und Impulsen intuitiv zu folgen und ihnen auf eine neue Art und Weise Ausdruck zu verleihen, brachte mir neue Freude und Wohlbefinden. Als Schattenseite der Sinnlich-Kreativen nahm ich die Unterschätzung von Disziplin und die mangelnde Bereitschaft loszulassen wahr. Das Bestreben, in Würde und Schönheit alt zu werden, brachte mir neue Einsichten und die Möglichkeit, neue Talente zu entdecken. In Partnerschaft und Familie war das Thema Nähe und Distanz für mich von großer Bedeutung.

Den Genuss der Sinne anzuregen und neu zu erleben, lockte die Sinnlich-Kreative in mir aus ihrem Versteckt. Neue Farbnuancen, neue Stoffe und Düfte brachten meine Sinnlichkeit und Weiblichkeit zum Ausdruck.

Die Geschichten, die ich jetzt schreibe, sind sinnlicher und weiblicher als früher und voller Fantasie und Vorstellungskraft.

Die Fürsorgliche lehrte mich, mehr auf mich zu achten und Sorge für mich zu tragen. Eine Erinnerung aus der Zeit, als meine Mutter noch lebte, kam mir in den Sinn. Immer wenn ich mich auf einen neuen Weg begab sagte sie mir: »Mein Kind, denke an dich und sorge für dich, weil kein anderer das machen wird.«

Es fällt mir heute schwer, auf meine eigenen Bedürfnisse zu achten. Oft sorge ich mich stärker um die Familie und das Umfeld als um mich selbst.

Wissenschaftler haben herausgefunden, dass Emotionen neuronale Muster aus elektrischen Impulsen und biochemischen Vorgängen in Gehirn und Körper sind. Äußere Einflüsse und innere Vorgänge lösen die Emotionen aus. Je besser ich lernte, meine Gefühle zu kennen und zu differenzieren, desto mehr Raum gab ich ihnen in meinem Seelenleben.

Während der Reise suchte ich mir oft einen stillen Platz in der Natur und fühlte mich dort alleine und gleichzeitig tief verbunden mit der Natur, den Tieren und den Pflanzen. Ruhe und Entspannung im Atem zu spüren, schärfte die Wahrnehmung eigener Empfindungen und Bedürfnisse. Die innere Fürsorgliche bewusst zu machen und zuzulassen erlaubte mir, für mich selbst zu sorgen. Der Typ der fürsorglichen Mutter in mir nahm die schmerzhaften Erfahrungen aus Kindheit und Jugendalter wahr. Danach dauerte es Monate, bis ich sie loslassen konnte. Ich habe mich mit meiner Familiengeschichte auseinandergesetzt, um die alten Wunden zu akzeptieren und zu heilen. Meine innere Fürsorgliche unterstützte mich dabei, mit meiner Verletzlichkeit und Unschuld in Kontakt zu treten.

Das Bestreben, Gemeinschaft und Gruppenbildung zu stärken, brachte den fürsorglichen Charakter in mir zum Ausdruck. Respektvoll mit sich selbst und anderen Kulturen und Menschen umgehen zu können, bereicherte meine innere Fürsorgliche. Als sich die Schattenseiten der Fürsorglichen im Helfersyndrom, der Übernahme der Opferrolle und der Härte und Gefühlskälte anderer Menschen zeigten, erkannte ich das schnell und mein Kompass richtete sich neu aus. Das Mitgefühl als natürliche Gabe einer Mutter wurde verstärkt und das Wohl der Gemeinschaft und der Familie, Zusammenhalt und Beständigkeit nahmen nach der Skandinavienreise einen noch wichtigeren Platz in meinem Leben ein.

Die innere Erfüllung der Tage manifestierte sich in »sich zuhause zu fühlen«, in Leichtigkeit und Sorglosigkeit des Lebens.

Die Kraft der Powerfrau als Typ zeigte sich auf dieser Reise auf eine neue Art und Weise. Sie zeigte mir, welche Gedanken für mich förderlich waren und welche mich hinderten. Die negativen Glaubenssätze aus der Vergangenheit und ihr Einfluss auf mein Befinden wurden mir deutlicher bewusst. Der Satz »Wie fühlt es sich an?« fand eine neue Bedeutung.

Die innere Powerfrau schließt alle anderen Typen mit ein und hilft mir so, alle Ressourcen zu nutzen, um Klarheit über Bedürfnisse, Wünsche, Werte, Ziele und meinen Platz in der Welt zu bekommen. Sie half mir, selbstbewusster und souveräner aufzutreten, und ließ mich erkennen, dass für mich nicht das Geschwätz der anderen von Bedeutung ist, sondern meine Haltung dazu. Ich gehe meinen Weg authentisch und kraftvoll und verbinde mich unterwegs mit jenen, die meinen Wert anerkennen. Ich gehe erfolgreich meine Vision an. Beweise dafür zeigen sich sowohl in meinem Beruf als auch im Privatleben.

Als Autorin habe ich finanzielle Förderung für mein Romanprojekt, das einen Regionalbezug hat, von der Stadt Karlsruhe erhalten. Verhandlungsgeschick und Empathie sind Fähigkeiten, die ich ebenfalls meiner inneren **Powerfrau** verdanke. Die Schattenseiten falscher Ziele und fehlender Selbstverantwortung wurden mir bewusst. Die richtige Entscheidung zu treffen erfordert es, alle Seiten einer Situation zu betrachten. Bewusstsein und Klarheit bringen Freude, Wohlbefinden und Glück.

Die vier Typen reisender Frauen zu vereinen, brachte mich auf den Gedanken, meine Reisen neu zu betrachten und sie aufs Papier zu bringen.

Wohin meine nächste Reise geht und was die Leser erwarten dürfen?

Lassen Sie sich überraschen.

Das Leben ist eine einzigartige, spannende und magische Reise in dieser Welt.

Über die Autorin

Ich bin im April 1958 in einer Unternehmerfamilie in Bulgarien geboren.
 Nach dem Studium der bulgarischen Philologie und des Lehramts, einer Ausbildung als Radiokorrespondentin sowie Lehrtätigkeiten in verschiedenen Schulen des In- und Auslands bin ich seit 2000 als psychologische Beraterin, Coach, Trainerin und Autorin in Karlsruhe tätig.

Besuchen Sie meine Seite: www.autorinschreibt.blogspot.de

Weitere Bücher der Autorin